待ち活/33

間木まき

推しが兵役から戻るまでにしたいこと K-POP

徳間書店

これは寂しくて仕方がない私の「待ち活」物語

　K-POPのボーイズグループが好きな私は、せつない経験をすることになりました。それは「推し」が兵役に行ってしまったことです。

　韓国では兵役法の第３条第１項で「大韓民国の国民である男性は、兵役の義務を誠実に遂行しなければならない」と定めていますが、韓国男性にとっての兵役は、どんな職業であれ、避けては通れない道。それは当たり前の事実なのです。

　今回、私はK-POPボーイズグループの「推し」が兵役に行ってしまったことをきっかけにして、自分の寂しさをより実感することとなりました。

　家族から呆れられるほどの「推し活」はひとつのステージが終わり、新たなステージへと向かっています。グループは残っていたとしても、強く好きな「推し」はひとり。その「推し」が戻ってくる未来には、全力でまた推すつもり宣言です！

あるグループのメンバーがかつて、こう言ったそうです。

「兵役はメンバーとファンとの絆を試す試練とも呼べる」

　それを聞いて思い出したのは、20年以上も韓流ファンの知人女性が目を輝かせて語った、次のような言葉でした。

「寂しい反面、帰ってくるのを待つ楽しみがある」

　とはいえ、「寂しい」という気持ちだけは、どこか心の片隅に残っているのが現実です。それを紛らわすために何をしたらよいのかを模索している私、その事実を受け入れることができない自分を慰めるべく、33の「推しが兵役から戻るまでの物語」を書き、それを「待ち活」と呼ぶことにしました。

　兵役はデリケートな問題であり、理解するには相当な労力を要します。私にはとっても難しい。でもひとつわかったのは、推しが兵役中に健やかで幸せであることを願う、ということ。

　これはただ寂しくて仕方ない、一個人の物語として読んで頂ければと思います。

間木まき

contents

はじめに 2

chapter 1　遠距離恋愛をしている気分になってみる 6

　　　　　Column　兵役アプリって何だ？

　　　　　Column　入隊と入営

chapter 2　不遇の恋愛を描くドラマや映画を見る 11

chapter 3　コンテンツを洗い出してスケジュールを立てる 14

　　　　　Column　海外のテレビ視聴は VPN を使うと安全

chapter 4　推しがやっていた社会奉仕活動を始めてみる 18

chapter 5　センイルやデビュー日にひとりパーティーを開催する 21

　　　　　Column　韓国のケーキ事情

chapter 6　推しのコミュニティーを覗いてみる 25

chapter 7　推しが発信する言葉を信じる 27

chapter 8　韓国の兵役に興味を持つ 30

　　　　　Column　２人セットの同伴入隊がある？

chapter 9　戻ってきた時の声掛け用に韓国語フレーズを覚える 36

　　　　　Column　すぐに使えるオススメのひと言

chapter 10　戻ってきた時のために推し貯金をする 40

chapter 11　これまでのコンサートの応援方法を見直す 42

　　　　　Column　公式応援法が公開されたら必見

　　　　　Column　名前を呼ぶのは年功序列 !?

chapter 12　日本国内の聖地巡りをする 46

　　　　　Column　歌詞を読み込み、歌詞に癒やされる

chapter 13　浮気はしない！ けど、別のグループを見て気分転換 50

chapter 14　韓国コスメ通になる 53

chapter 15　韓国語学校に通う 56

chapter 16　本場の韓国料理を食べてみる 60

　　　　　Column　プデチゲにも種類がある

chapter 17　アナログレコードを集めてミュージックバーでライブ気分に浸る 65

chapter 18　過去の先輩たちの体験談を参考に読む 68

chapter 19　振り付けを習得して1曲踊れるようになる 72

chapter 20　自家製のキムチを作ってみる 75

Column 韓国には200種類以上のキムチが！

chapter 21　本国の聖地巡りをしてみる 80

Column 聖地巡りの友に必須なオリジナル地図アプリ

chapter 22　DMZツアーを体験する 85

chapter 23　推しが行った他国を旅行する 87

chapter 24　韓国料理を習いに行く 89

chapter 25　推しと同じ髪の色にする 93

Column ハイライトのポイント使い

chapter 26　K-POPのダンススクールに通ってみる 97

chapter 27　スクリーンのあるパーティー部屋を借り切ってライブを見る 101

chapter 28　プチ整形にチャレンジしてより美しくなる 103

Column 釜山の美容フェスティバルで体験できること

chapter 29　入隊中の推しのツラさを想像して、自分も何かにチャレンジする 107

Column 推しの頭の形が気になる！

chapter 30　思い切って韓国に留学する 111

Column どこに住めばいい？

chapter 31　推しの人気を保つため、投票などに参加して応援し続ける 115

chapter 32　推しの事務所に心を込めた韓国語ファンレターを出す.......118

chapter 33　【番外編】推しが行く前に深い愛の意思表示をしておく.......120

※本文にカタカナ表記の韓国語が多く登場しますが、複雑な韓国語の発音をカタカナで
　表すのは難しく、正解がひとつではないことをあらかじめ記しておきます。
※イラストは全てイメージです。

遠距離恋愛をしている気分に
なってみる

　推しの除隊まであと何日なのか。既に入隊式を終えた推しは、公式発表によると、陸軍へ所属になりました。陸軍は1年6カ月が規定の服務期間です。

　いつも目に留めておくよう紙のカレンダーに記入するため、インターネットでカレンダーを探します。2年先まで書き込める紙のカレンダーは、結婚式の日取りを決めるためのものが多いようですが、私は推しが帰ってくる日をデジタルではなくアナログで書き込みたいばかりに、プリントアウトしました。

　ついでにカウントダウンタイマーのアプリもインストールし、セット。表示は550日以上という気持ちが萎える期間ながら、壁紙を推しの写真にしたら、気持ちも高まってきます。そこまで長い期間をセットすると、なにやら自分が特別なことをしているような気分になったのです。

　これから推しはアイドルグループの顔を離れ、ひとりの韓国人男性として世間から注目されない日々を過ごしていくはず。そう考えたらホッとする反面、まったく話題にならなかったら推しも内心ちょっとは寂しいだろう。そんな心配と、逆に嫌でも注目されてしまうのでは、という懸念もありました。

　兵役期間中、SNSなどで軍隊での様子を知らせてくれるだろう

し、そのたびにきっと、メディアなどで取り沙汰されることでしょう。兵役中は休暇もあり、その休暇を使って大事な人と会うだろうし、なんなら入隊している同じK-POPアーティストとのツーショットなども公開してくれたらなお嬉しい…。そうはいってもしばらくは寂しさが押し寄せ、落ち込む日もあるでしょう。

　推しが入隊したその日は、今も忘れられません。頭を丸めてアクセサリーを外していましたが、それも可愛かったのです。

　推しが戻ってくるまで、550日あまり。兵役アプリを開いて確認してみました。

兵役アプリって何だ？

　除隊日（服務日数）、現在の階級、進級日などが計算され、数字やグラフなどで状況を知ることができるのが兵役アプリ。主に「グンドリ」「ヘンジョンバン」「ゴムシントーク」といったアプリがよく使われているといいます。

　両親などの家族は「THE CAMP」という陸軍専用のインターネットレターおよび訓練所コミュニケーションアプリを使用して、訓練所の写真、訓練所からのお知らせや案内などを確認することもあるのだそうです。

　また、韓国国内でしかダウンロードできないタイプもあり、2人が置かれている距離が何キロあるかがわかったり、どのバラエティー番組を何回見たらその日が来るのかなど、飽きないように工夫を凝らしていたりもします。

Column

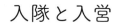

入隊と入営

「入隊する」と日本のメディアは報道しますが、厳密に言うと「入営」です。大きな意味では間違ってはいないのですが、韓国では「今日から兵役期間が始まる」という状況を「入営」とすることが多く、「入隊」はどこそこの軍隊に配属された、ということを指すようです。

不遇の恋愛を描く
ドラマや映画を見る

　私にはかつて、遠距離恋愛をしている友人がいました。その友人は、

「寂しい時には不遇の恋愛を描いたドラマや映画、漫画などに触れると、心がスッキリするんだよね」

　と話していました。

　そんなのおかしい、ハッピーエンドを見て、気分をアゲていく方がいいだろうに。そう言ってみました。でも、切ない主人公に自分を投影することで涙を流し、心を晴れやかにさせるという荒療治は案外、効くといいます。

「ただ単に涙を流すことで、気持ちがスッキリする」

　ということもあるし、

「自分よりも前途多難な主人公を見て、まだ私は大丈夫だと」

　そんなふうに自分を慰める方法もある。そんなの性格が悪いだけだ、と感じるかもしれませんが、これは誰しもが持っている当たり前の感情なのだと、脳科学の本に書いてありました。

　自分よりも得をしている人を許さない、引きずり下ろしたいという感情は、人間が生きる上で必要であり、なおかつ社会生活を維持する共同体の中では当たり前にあるものだと。これは他人が不幸や悲しみ、苦しみ、失敗に見舞われたと知った時に、そうなっても大丈夫なんだと安心する気持ちや快感のことで、シャーデンフロイデというみたい…。

　とはいえ、「人の不幸は蜜の味」といった意地悪な気持ちになるのはよくないし、自分はそんなことを望んではいないので、やっぱりここは、ただ単に涙を流すことで、心を晴れやかにさせることにします。

　というわけで、推しが兵役中に見るお勧めドラマと映画を、以下に提案してみました。

愛の不時着

　有名な大ヒット作。「冬のソナタ」と並ぶほどのジェットコースターロマンスはやっぱり、涙する韓流ドラマの定番。ヒョンビンさん演じる北の兵士を「兵役中の推し」に被せると、また違った涙が出てきます。

余命10年

　主演の坂口健太郎さんはK-POPへの造詣が深いことで知られますが、これぞ本物の愛で号泣するストーリー。今後の配信が予定される韓国ドラマ「愛のあとにくるもの」では、日韓の遠距離恋愛モノに挑戦します。これは感情移入してしまうかも。

ヴィジランテ

　ダークヒーローに挑戦したナム・ジュヒョクさんがすごくいい。内容はハードなものの、兵役前に挑んだ最後の作品と謳うだけあって、俳優としての分岐点と言えるほどの、迫真の演技を見せています。推しでなくとも兵役後の彼を見たくなる、という現象が起きたほどです。

コンテンツを洗い出して
スケジュールを立てる

　グループの誰かが兵役に行っている最中は当然、そのグループ全体での活動は休止となります。そのため、グループ全体のコンテンツを見たいとなれば昔の映像を探すか、あるいは彼らの所属事務所がこの先、打ち出してくれるコンテンツを待つしかありません。

　ただ、未来に用意されるコンテンツより、過去のものが膨大にあります。行けなかったライブのパッケージを購入して見る、一部上がっているYouTubeを繰り返し再生する。Weverse（ウィバース）やbubble（バブル）、UNIVERSE（ユニバース）という、K-POPペンにとってはとても嬉しい、ペンのためのグローバル

プラットフォーム内コンテンツも、洗いざらい見たい。

　他にもDVDでしか見られないライブ、推しが俳優として出たドラマ、バラエティー番組を配信するプラットフォームで探してみたり。二次元化されたキャラクターの動画もあれば、彼らを動物化したキャラクターのコンテンツもあります。どんなアーティストでもおそらく膨大な量があるので、それだけで忙しいのです。

　最近、K-POPペンになった女性が、

「兵役から戻ってきてからの〇〇を好きになってしまいました。そしたら全ての過去をまず知りたくて、3カ月間、睡眠時間3時間で毎日、YouTubeでおさらいをしたんですよ。彼らの歴史とペンたちに追いつくために、必死でした」

　そう笑顔で話すと、額の汗を拭うしぐさを(笑)。

　さて、そこまで探し出したら、今度は待っている間にどれから見るか、スケジュールを立ててみることにします。

　ライブコンテンツと、ファンクラブが出している動画を真っ先に見よう。次は推しがチャレンジしたドラマと、グループで出たバラエティー番組。余裕があったら、キャラクター動画やペンたちの検証動画も面白い。

　洗いざらいコンテンツを並べれば、除隊までに見終わらないほ

どあるので、それだけでもカレンダーのスペースは、他のスケ
ジュールが書き込めないほどいっぱいに。

　はい、予定だけは寂しくありません。

◆ **K-POP ペン**　ペンはもちろん筆記用具ではなく、ファンのこと。つまり、K-POP ファ
ン。ペンの語源は英語の「Fan」で、韓国語では「F」を「P」と発音する。日本ではこ
の K-POP ペンのように「○○ペン」などと、他の単語とセットで使用することが多いが、
韓国では「ペン」単独でも使う（この本では韓国式に倣って、単独でも表記することにし
ます）。

◆ **Weverse・bubble・UNIVERSE**　世界中の様々なアーティストとファンとのコミュニケー
ションをサポートする、オンラインプラットフォーム。韓国の多くのアーティストが参加
しているため、推しがいるプラットフォームはダウンロード必須。

海外のテレビ視聴はVPNを使うと安全

　韓国の地上波テレビやNAVERを日本にいながら安全かつ快適に見るためには、VPNをオンにする必要があります。VPNはVirtual Private Networkの略で、通常のインターネット回線を利用して提供される、仮想プライベートネットワークのこと。

　VPNを通して韓国のVPNサーバーに接続すると、外部からは韓国経由のアクセスと認識されるため、地域制限であるジオブロックを回避できる仕組みです。海外サイトの中にはIPアドレス（インターネット上の住所のようなもの）でアクセス元を判断してサービスの利用範囲を制限しているものも多いため、VPNによって、日本では利用できないサービスも利用可能になるのです。

　VPNはIPアドレスを海外などの仮想ロケーションに変更する際に、第三者からの追跡やハッキングのリスクを防いでくれます。VPNとWi-Fiの違いに触れると、VPNは通信の安全性を重視し、外部からの不正アクセスを防ぐ役割が。一方、Wi-Fiは無線通信によって、場所を問わずインターネット接続を可能にする便利さがあります。

　VPNには無料と有料のものがあり、それによって容量などが変わってくるので、導入する場合は調査が必須です。

推しがやっていた
社会奉仕活動を始めてみる

　ただ普通に推しの幸せを願って毎日を健やかに過ごすことが、めぐりめぐって推しのためになります。昼ご飯の際も、

「今、この瞬間に推しもご飯を食べているのかな」

　と想いを馳せて食べる。あるいは、兵士たちの休憩時間に合わせて、推しのSNSをチェック。発信があったらその言葉を繰り返し心に刻み、発信がなくとも、日常が平和であれと願うことが私の課題となっています。

　とにかく健やかに過ごすその一方で、推しが兵役に行っている間こそ、意欲的に何かを成し遂げるチャンスです。そんな時は、

「推しは、私が何をしたら喜んでくれるのだろうか」

　そう突き詰めて考えます。

　とある推しをテーマにしたテレビ番組で、

「推しがやっている寄付やボランティアをやってみました」

　と語っていたペンがいました。韓国の芸能人は日頃から社会奉仕活動を盛んに行っているので、このペンは推しの兵役をきっかけにして、社会奉仕活動に積極的になったというのです。

　街中での募金、あるいはお店のレジ横に置いてある募金箱にお金を入れる、被災地に義援金を送る、寄付を前提にしたグッズを買う、といった行動。いつかやろうと二の次にしていた奉仕

活動を、せっかくの機会を生かしてやってみよう！　きっかけは推しだけれど、それで少しでも社会の役に立てるといいな、と感じます。

　ただ普通に健やかに過ごすことから、奉仕活動へとテーマが飛びましたが、どちらも大切な待ち時間なのです。

センイルやデビュー日に
ひとりパーティーを開催する

　本人不在でもセンイル・パーティーをするのは、韓国では
わりと日常の出来事です。日本では本人がいないのに誕生日パー
ティーを催すことはあまり聞かないのですが、海外ではよくある
こと。転勤でいない家族や、遠くにいる友人のお祝いをする、
という楽しいイベントは、やらない手はありません。日本でも
大好きな推しの誕生日をお祝いする「オタ活」に関する記事も
たくさん上がるようになりました。

　バースデーケーキを買って、推しカラーのロウソクを用意します。
ケーキの周りには、アクリルスタンドやぬいぐるみ。缶バッジや
イメージキャラクターの人形を並べて、ライブ映像を流しながら
ケーキを食べる…これが醍醐味です。

　誕生日は年に1回しかないイベント。最愛の推しが生まれた日
なので盛大に祝いたい、という気持ちはとても尊いものです。

　誕生日には推しもエゴサーチをすることがあり、それを万が一
の確率で見てもらうために、多くのグッズを並べて「この1年も
幸せでいてね」とSNSに投稿するペンもいます。

　これには賛否両論ありますが、推しはそれを見るのが楽しみだ
という説もありますので、私自身は同じ推し仲間といつかやって
みようと話しています。

　そればかりか、祭壇を作って写真を置いて推しを祀り、お部屋にはバルーンやガーランドを飾る人もチラホラおります。最近ではなぜか、シルバニアファミリーの人形をパーティーの出席者に見立て、一緒にお祝いするペンも見受けられます。

　それらの人形はK-POP系アーティストだけでなく、日本のアイドルや俳優の誕生日にも登場する常連メンバーだとか。うさぎモチーフってなぜか、K-POPアーティストにも人気があるそうです。

　そうして密やかにひとりパーティーを開き、

「生まれてきてくれてありがとう」

　と仰々しいワードを一筆箋に書いて、人形の隣に並べてみます。

　推しが生まれたこと、そしてデビューしたことに感謝するのはもはや当たり前ですが、ソンムルはできないので、お祝いメッセージをひとこと。

「センイルチュッカヘヨ（お誕生日おめでとう）」

　推しの公式プラットフォームに書き込むことでも、十分に満足できます。

◆センイル　韓国語で「誕生日」。人気アイドルの誕生日には、地下鉄や街中でペンたちが祝う広告を見ることができる。それほど韓国での誕生日には意味がある。

◆ソンムル　韓国語で「プレゼント」のこと。

韓国のケーキ事情

　推しの写真をモチーフにしたケーキは、もはや常識。そんなオーダーメイドのケーキ店は日本でも人気が高いのですが、韓国には自分で盛り付けができるオリジナルケーキの店があるのだとか。「あんフラワーケーキ」といって、土台がお餅で、餡子をクリームに見立てた華々しいケーキもあるそうです。

　ケーキの食べ方としては、みんなで囲んでつついて、というもの。日本のように等分してカットするより、ホールにフォークを伸ばしてガッツガッツいくのが、韓国センイルのひとつの楽しみ方です。

推しのコミュニティーを
覗いてみる

　私と同じような寂しさを抱えた人はやっぱりいるし、SNSや動画配信で推しのために何かを発信している人も見受けられます。ピアノを弾けるアーティストさんは推しの持ち曲をアレンジし、素敵な演奏でみんなを癒やしています。上手な絵でペンたちの気持ちを代弁してくれる芸術家もいます。

　兵役に行ったグループについて考察して、多くのK-POPファンを安心させてくれる優しいペンの方々には、頭が下がります。

　でも私には、発信できるものがありません。そう感じて今回、まとめてみたのがガラパゴス的なこの著書でした。

　それはさておき、同じペン同士が集うことで、気持ちがわかり合えてホッとします。一方、熱量は高いけれど、コミュ力が低い

ため敷居を越えられず、あえて孤独を選ぶ人も。ひたすら静かに
ひとりで応援しているタイプですが、そういった人もどこかで
こっそりインターネットを覗いて、頼もしいペンたちの言葉に癒
やされています。

　大勢でわちゃわちゃやっているコミュニティーも楽しいのです
が、そこには一定のルールがあって、時折、疲れちゃう人もいま
す。そんなペンも、一匹狼たちが集まって、結果的に数百人の集
団になっているコミュニティーを見つけると、ちょっとそこには
入ってみようかな、なんて思ったりして。

　いずれにしても、寂しさに押しつぶされそうな時も見守って
いく気持ちが揺るがないのは、ペンダムというコミュティーが
あるからなのです。

◆ペンダム　英語で愛好家を示す「fan（ファン）＝ペン」と、領地や勢力範囲などを意味
する接尾語「dom（ダム）」を組み合わせた言葉。アイドルやアーティストなどの、熱烈なファ
ンの集団のことを指す。

推しが発信する言葉を信じる

　本人が言ってないことが、さも話したようにメディアに出てしまう。芸能人にはえてして、そんなことが起こります。有名税とはよく言いますが、有名だろうが無名だろうが、ありもしないことを発信するなんて言語道断です。

　かつて、とあるK-POPアーティストが兵役中の休暇に、街に出て女の子と遊んだ、というディスパッチ砲を受けたことがありました。ペンたちは嘆いて、推しに対して不信感を抱いたそうです。

　ところがどっこい、ただ単に一緒に街の散歩を楽しんだ友人の友人だった、というオチで、少しでも推しを疑ってしまったペンたちは、大きな反省を自らに促したそうです。

　K-POPアーティストはとてもシンプルです。もちろん日本のアーティストも同じなのですが、彼らはペンをとても愛しています。

　K-POPアーティストは時間があると生配信をして、ペンとの絆を確かめます。そして、どれだけ自分がペンを愛しているかを発信してくれます。なので、その発信だけを信じることが、待ち活には大事です。

　兵役中はそれ以前に比べると、本人発信が少なくなります。そうなると不安に駆られるゆえ、入ってくる情報を全て正しいと

思いがちに。それはまさに、遠距離恋愛のようです。

　韓国の女性に聞いてみました。彼氏が兵役に行っている間はどうするのでしょうか、と。するとその答えは、不安に駆られる前に、めちゃくちゃ手紙を出す、スマホから「THE CAMP」を使って送る、実際に手書きのものを毎日郵送する、とにかく本人の言葉を信じる。そして、差し入れには2人だけでは食べきれないほどの食料を持っていって周囲にも配り、友人から何か不安になることを言われても信じない。

　これは実際の彼氏に対してではありますが、特に有名人に関しては、知りたくもないのに情報が勝手に入ってきてしまうことがあるので、信じる心は鉄壁に。

　大丈夫、ペンたちは愛されているんです。そしてペンたちが愛してくれているかどうか、兵役中に信じていたいのは、推しの方なのです。

◆**ディスパッチ**　韓国の芸能専門オンラインメディア。

韓国の兵役に興味を持つ

　兵役の仕組みを自己流で勉強するのは、私にとってはとても難解なことです。でも、少しでも理解が深まればいい。涙を拭く時間があったら、全てを理解できなくとも、ひとつでも勉強した方がいいと考えました。

　兵役の服務義務は現在、陸軍が１年６カ月、海軍が１年８カ月、海兵隊は１年６カ月。さらに空軍１年９カ月、社会服務要員は１年９カ月とされているようです。私の推しは陸軍に入隊したというので、１年６カ月ということになります。インターネット上には古い情報も載っており、どれが正しいかわからなかったため、韓国に住む夫婦（夫は兵役経験者）に聞いてみると、

「わかりやすく作品で勉強するなら、いちばんリアルに近いのが

チョシミ タニョオセヨ〜

『プルンゴタプ（青い巨塔)』というシットコム（シチュエーション
コメディー）ドラマです。YouTubeで視聴できる『シンビョン』と
いうウェブトゥーン（デジタルコミック）を原作としたドラマは軍
のおエライさんの息子が主人公で、先輩たちがあたふたするとい
うブラックユーモアが効いている。軍人生活の『あるある』
や雰囲気も出ているため、韓国人男子が見ると共感できるみたい
です。ただ、日本語字幕はないようです」

　やっぱり韓国語を勉強しなければならない、と実感します。

　また、世界で徴兵制が設けられている国は64カ国あるそうで
す。強制力の程度によって完全徴兵制と選択徴兵制に分類され、
男性のみが徴兵される国もあれば、男女とも徴兵される国もある
といいます。

　しかも近年のヨーロッパでは、一度停止された徴兵制を再開す
る国が目立つ、というニュースを見ました。ウクライナ（2014
年）を皮切りに、リトアニア（2015年)、スウェーデン（2017年)、
オランダ（2018年)、ポーランド（2022年）などがすでに兵役再
開の法令を可決して、ドイツ、ルーマニア、ラトビアでも議論が
始まっているとか。世界はこれからどうなっていくのでしょう。
ちなみに、

「韓国では女性でも兵役を希望する人はいるのでしょうか。インターネットにはそう書いてありましたが…」

　と、先の韓国在住夫婦に質問してみたところ、こんな答えが返ってきました。

「女性は現在のところ、将校や副士官のような幹部、職業軍人としてのみ、入隊が可能です。その場合、陸軍士官学校に進学したり、国防部が運営する女性軍人プログラムなどに参加したりするルートがあります」

　軍人になっても女性軍人と男性軍人の独身寮は分離されていて、職業軍人夫婦だけが軍人アパートに一緒に居住できるそうです。

　世界中でヒットを飛ばした、軍がテーマのドラマ「D.P.―脱走兵追跡官―」も配信プラットフォームで見ましたが、兵役中のイジメ問題がちょいちょい出てくるため、入隊した推しを心配してしまいます。それでも、アイドルや芸能人がイジメられることは考えにくいのでは、とも。しかもこのSNSが発達した時代、一般的にイジメが発覚したらとんでもないことになる…と。

　最後に、アーティストはどんなポジションに就くことが多いのでしょうか。これも韓国在住夫婦に聞いてみました。

「芸能人は基礎軍事訓練や教育生たちの各種教育などで教官の補

助をする、助教という職務に就くことが多いそうです。その後、公演など軍隊の広報が必要だと判断される場合に、上部の指示で軍広報団の一員として派遣されることも。なので、同じ部隊に配属された同僚と一緒に過ごす時間は、他の人よりも短くなるようです。同期で親しくなった人とは除隊後にも会うことがあったり、交流が続いたりすることもあるのですが、基本的には除隊後は連絡を取り合わないケースが多数。芸能人と同じ部隊にいると、休暇や外泊時に一緒に出る機会もあるということで、その芸能人がご馳走をしてくれた、と喜んでいた人もいます」

　まだまだ勉強することがたくさんあります。

Column

2人セットの同伴入隊がある？

　同伴入隊は同郷の友人や職場の同僚、親戚や兄弟など、親しい人と一緒に入隊する制度です。除隊する時まで近いところで服務でき、軍生活に早く適応させる目的のほか、服務への意欲を鼓舞する意味もあります。軍の戦闘力向上に寄与できるよう陸軍、海軍、海兵隊で導入された制度です。

　この場合、同じ生活館（生活をする寮のようなところ）、または隣りの生活館で、軍生活を送ります。基本要件を満たした者であれば、一般人でも申請することができますが、必ずしも申請が通るというわけでもないようです。

　ちなみに、過去には6人グループ（1人は日本人メンバー）のうち5人が、同じ月に入隊したケースもあります。2021年12月21日に1人、12月27日に2人、12月28日に2人という形でした。

戻ってきた時の声掛け用に
韓国語フレーズを覚える

　推しが入隊してしまってから、ずっと気になっていたことがあります。それは、コンサートでのメントやライブ配信で、いったい何を話しているかがわからなかったこと。もちろん、あとから字幕がつくことがあるし、親切なファンが翻訳をしてくれることもあるけれど、やっぱり直接、推しの言葉がわかるようになりたいのが心情です。

　新しい「供給」がない今こそ、韓国語フレーズを覚えるチャンスです！

　まずは、どんなフレーズを学んだらよいのか。インターネットで検索すると、自宅で学べる簡単な韓国語フレーズなどの動画配信サービスがあります。あるいは実際に通う語学スクールなど、様々な選択肢が出てきますが、ここではステイ（韓国語学校につ

いては56ページからの【chapter15】で詳述しています)。

　まったくゼロからのスタートとしては、ハングルを書いてみて、その文字だけは読めるようになっておく。そんなふうに進歩したいと思います。

　ハングルは記号のようですが、法則性がわかると、少しずつ読んだり書いたりできるようになると言われています。推しも小さい頃、こんなふうに一生懸命に書いて覚えたのかな、と想像しながら勉強すると、よちよち歩きの自分も推しの成長を追っているようで、励みになります。

　動画の中には、K-POPのヒット曲の歌詞の内容を教えてくれるコンテンツもあります。以前のコンサートのメントを翻訳してくれているものは興味津々なので、そこは飽きずに続けられそうです。

　語学アプリの存在も知りました。これもモチベーションアップに役立っています。

　会えない寂しさから、過去のライブ配信のアーカイブを見直していたら、たったひと言だけど、聞き取れたフレーズがありました。それが「僕は今日、まだ晩ごはんを食べていない」です。

　それに対して私は内心、「ケンチャナヨ(大丈夫)。コンサートが終わったら、たらふく食べられるから」と応える(笑)。あまり

使うことがなさそうなフレーズも、こうやって覚えていることが
あるのが不思議です。

　この調子でモチベーションを保ち、推しが帰ってきたら、配信
にコメントできるフレーズだけは学んでおきたいところ。

　文法を覚えるのはそこそこ大変ですが、ピンポイントでフレー
ズを覚えておけば、咄嗟の掛け声に役に立つかも。

◆**メント**　いわゆるコメントのこと。

Column

すぐに使えるオススメのひと言

サランヘヨ：愛しています（韓国語のニュアンスは「大好き」に近い）

チャル　タニョワッソヨ：お帰りなさい

ケソッ　キダリゴ　イッソッソヨ：ずっと待っていました

ポゴ　シッポヨ：会いたいです

チェゴエヨ：最高です

ウンウォナゴ　イッソヨ：応援しています

チョアヘヨ：好きです

　より気持ちを伝えたい時は、「ノムノム（とても）」や「チンチャ（本当に）」「マニマニ（すごくたくさん）」などを使ってみると、伝わりやすいと思います。

戻ってきた時のために
推し貯金をする

「お帰りなさい！」の際に惜しみなく使えるお金は必要です。

　推し活にはお金がかかります。一時期、とにかくなんでも欲しくて、やみくもにグッズを買いあさったことがありました。コンビニで何度もレジに並んで、くじまで引いて。こんなにお金を使うくらいなら、それを買った方が早いだろう、と嘆いたこともあります。

　でもそんな時期は終わり、とにかく今は生のステージを見たい。特に人気のあるグループのライブや俳優のペンミ（ファンミーティング）は、倍率が高すぎてチケットを入手しにくいのが悲しく、みな平等にあるはずの抽選では、ほとんどが落選です。

　知人から励まされ、当たる確率が上がりそうな海外公演を狙って、チケッティングに挑むようになりました。でも、当たりませ

んのよ。

とはいえ、「私ってツイていない」と思うなかれ。

そうなのです。どこの国だから当たりやすい、というのは実際にはなく、どんなライブだって確率論に基づいています。とにかく出しまくるのみなので、いざ当たった時のための旅費確保は重要です。

推し貯金箱、推し預金…いちばん気が楽なのは、推し活専用の口座を作って、毎月いくらか積み立て。毎月1万円だと、1年で12万円。今は渡航費が高くなったとはいえ、そのくらいだとなんとか一度はソウルへ行けるでしょうか。いや、それだけでは全力で推せないし、だったら…と、毎日の生活費を節約してお金を貯めておきます。

なので、推しの居ぬ間は最大のチャンス。リアルな活動やカムバの活発期と並行して貯金をするのはわりとムリめなので、よほどのこと以外は全て、推し貯金に回しておくことにします。

◆**カムバ**　カムバックの略で、新曲やニューアルバムをリリースすること、あるいは新しいアルバムを出す際のプロモーション活動のことを指す。「来日する」という意味にあらず。さらに、その新曲を連れて音楽番組やお披露目ライブ、リリースイベントなどの活動を行う期間を「カムバ期間」と呼ぶ。

これまでのコンサートの
応援方法を見直す

　推しが戻ってきた時、真っ先に行きたいのは、なんといっても
コンサート。本国でのコンサートやサノクの映像を見ていると、
ペンたちは曲ごとに決まった箇所で掛け声を入れています。以前
に行ったコンサートで、ちゃんと言えないうちに終わってしまっ
た経験がある自分としては、次の機会までに、絶対にマスターし
たいのです。

　掛け声はグループによっても曲によっても違うけれど、比較的
よく聞くのは、メンバーの名前（ニックネーム、または本名）を
順番に連呼するバージョン。メンバーの数が多いほど難易度は上
がりますが、まずはこれを覚えなくては始まらないのです。ただ、
最近ではメンバーの入れ替えもあり、名前連呼の掛け声コールの

ないグループも増えてきているのだとか。

　他にも、楽曲ごとに「TO」というコールがあったり、時にはアーティストの公式から発信される「前奏や間奏などの決められた箇所での掛け声」などもあるので、そこはチェック。

　毎日、ブツブツと呪文のように唱え、過去のコンサート映像を再生して練習します。入るタイミングを時々間違えてしまうけれど、だいぶできるようになりました。

　なにより、掛け声を聴いている時の推しがすごく嬉しそうで、その可愛い笑顔に気絶しそうになるほど。「絶対に生で見る！」という気持ちが高まってきますし、会場でみんなと一緒に叫ぶことで、より一体感を得られることが想像できます。

　それに輪をかけて、歌詞の一部を歌うバージョンもあります。これも曲ごとに決まっているので、過去の映像でおさらいをします。ペンが作成した、字幕入りの動画を見ながら練習。フレーズとタイミングを指示してくれるので、わかりやすいのです。

　韓国語だと短いフレーズでも難しいのですが、そんな時はメモ帳にカタカナで歌詞を書いて持ち歩き、電車の中で曲を聴きながらこっそりつぶやいてみる。なんだか受験生みたいです。

　同じペンダムにも、指南を仰ぎます。以前のカムバの時は仲間

たちとカラオケボックスに行き、みんなで動画を見て予習をして
からコンサートに臨んだことも。仲間で練習すれば、もっと習得
できるものです。

　推しの力があれば、苦手なことや大変なことも頑張れる。今か
らその日が待ち遠しくてたまりません。

◆**サノク**　韓国語で「事前収録」の略称。韓国では通常、音楽番組で放送されるパフォーマンスを事前収録する。ファンクラブによる抽選で当たった人が観覧できるシステムになっていることが多い。

◆**TO**　トップオタク（TOP OTAKU）たちがどこでコールをするかを決めて、YouTubeで流しているもの。

Column

公式応援法が公開されたら必見

　韓国ではカムバが発表されると、公式ペンカフェや動画サイトなどで「ウンウォンボッ（応援法）」が公開されます。これはアーティスト本人たちがペンライトを振りながら実践してくれるという、贅沢なもの。初披露のサノクでもペンたちがバッチリできているのは、これのおかげです。

Column

名前を呼ぶのは年功序列!?

名前連呼はリーダーを先頭に、年齢順が基本。多くが YouTube で確認できます。

日本国内の聖地巡りをする

　聖地巡礼はもはや、推し活の日常です。聖地といっても多方面ありますが、推しが来日して足を運んだ場所は神がかっています。SNSで推し本人が「ここに行ってきたよ！」と発信する場所があったら、そこに殺到します。

　本人が発信しなくとも、推しが来たことをSNSにペンがアップするお店や場所は、他のペンたちで溢れ返ります。

　韓流ドラマ好きにとっては、日本で撮影したロケ地は王道の聖地です。K-POP好きであれば、コンサートで来日するたびに行った場所をチェック。忙しい合間を縫って何を食べたのか。そして帰国時に何を買ったのか。こと細かな情報をインターネットで手繰ると、日本各地の聖地は膨大に増えていくことでしょう。

アーティストたちに人気があるのはとんかつや焼肉、油そば、ラーメン、お寿司でしょうか。東京ではもんじゃ焼き、大阪ではたこ焼き、福岡ではもつ鍋、北海道ではやっぱりラーメン、名古屋ではひつまぶしなど、名物を食べたいのは人類みな同じ。原宿ではお洋服を買ったり、キディランドでぬいぐるみを買ったり。

やっぱり東京での観光が多いようですが、渋谷という大きな街だけでなく、最近は中目黒や笹塚、代官山といった場所にも出没する模様です。ペンたちがブログなどで教えてくれるので、情報には事欠きません。アーティストがコンサートで降り立った地には、その土地それぞれの聖地が存在します。

K-POPアーティストは美術館巡りも好きです。アートが好きな推しは多く、京都や奈良、栃木や神奈川、秋田など、地方の美術館に現れることも。住んでいる所から離れている場合は、やっぱり旅行してみたい。そこまでの行き方を調べてメモしておくのが、聖地巡礼の第一歩です。

ちょっとそこのスーパーまで、といったふうにコリアンタウンへ出向いて韓国食材やグッズを買うのも、巡礼の一種。東京の新大久保にはK-POPメンバーが訪れるお店が多く、そうしたお店には「○○さんがこの席に座って、このメニューを食べました」

的な写真やコメントが貼ってあるので、そこに座って同じポーズ
で写真を撮るのは当たり前のことです。

　推したちは日本に来てもやっぱり、韓国料理を食べたいようで
す。大阪の鶴橋、あるいは福岡にはK-POP好きが集まるカフェ
が多く、センイルイベントが目白押しだとか。

　推しが出没した土地を巡るべく全国を回るのは、新たな旅の情
趣です。それまでは旅の候補に挙がらなかった土地があれば嬉し
いし、推しの気持ちを知るきっかけにもなって、リスキリングし
ている気分です。

Column

歌詞を読み込み、歌詞に癒やされる

　推しの曲の歌詞は、いつも心に染み入るものばかり。読み込んでグッ、プリントアウトしたものを持ち歩いてグッ、くじけそうになるたびにグッとくる勇気をもらっています。そう、まさに歌詞は推しからのメッセージです。

　そのメッセージは日本語でダイレクトに読めればいいのですが、韓国語や英語の曲が多いのが K-POP。語学が堪能でないと、すんなりとは理解できませんよね。なので、その歌詞の意味を知ることは楽しみでもあります。

　それにはやはり、自分の心で理解したい。それゆえ、韓国語を読めることが必須ですが、まだ学習途上であれば、誰かが公開している意訳を読んでも、時としてグッときます。

　意訳とは映画の字幕と一緒で、思いを広げた訳のことですが、訳者の主観タラタラのものはさておき、気持ちに寄り添い、推しの背景や歴史を汲み取った訳を見つけると、けっこうジーンときちゃったりして。

　自分なりに思いを訳して自分と重ね合わせるのも、ひとつの待ち活になるかもしれません。

浮気はしない！ けど、
別のグループを見て気分転換

　韓国においては、男性の兵役遂行はおおよそ自明のこと。なので韓国のK-POPペンにとって、いつか来るその日への恐怖は、日本のK-POPペンよりは少ないようです。好きなアーティストの兵役中は、違うグループを推していることは当たり前。違うグループやアーティストも並行して好き、というのは一般的です。

　ただ、そうかといって、すごく好きな人を忘れてまで、無理やり別の人を好きになろうとしても、なかなかできませんよね。いないのは当然と片付けるまでには、やっぱり壁があるのです。

　そんな中、友人から「一緒に付き合ってほしい」と言われ、連れ立って見にいった日本のアイドルグループに癒やされた、という友人のケースがあります。それは「会える地下アイドル」とい

うキャッチフレーズのグループ。体験した本人が、目を細めて
言います。

「別にすごくハマッているわけじゃないんだけど、名前を目の前
で呼ばれて、頭まで撫でられてお話しまでしちゃって。最初は驚
いたけど、結局は癒やされてる。そもそも生活に潤いが欲しくて
推していたのに、その推しがいなくなって悲しみばかり、なんて
本末転倒。だから、推しがいない間だけでもいいかな、と…」

　そして両手を合わせると、こうも断言しました。

「〇〇が戻ってきたら全力で推すし、これは決して浮気じゃない
の」

　別のK-POPグループの動画が友人から数回にわたって送られ
てきて、困惑したという人もいます。そっちには興味ないよ、と
返答しつつも寝る前に見てみたら、意外にいい。そのうち、ハマッ
てしまったのだと…。

「推しのコンテンツをいつも寝る前に見ていたんだけど、収録だ
とわかってる。それだと一方通行な感じがするし、本当は生のラ
イブを見たい。やっぱり会場で見るのがみんな好きだし、友人か
ら送られてきたグループは、日本でガンガン活動している。ちょっ
と行ってみようかな、って気になっちゃって」

　推しが戻ってくるまでは、別のアーティストを見に行ってみること。これも推しのための自分磨きにつながるといいます。

　海外のトップアーティストでもいいし、アジアのフェスでもいい。リアルなライブが好きな人は、それが気分転換になります。

　でも、これは浮気じゃないよ。そこだけわかってね。

　…と心の中で推しにエクスキューズしながら、戻ってきた時には何事もなかったかのように振る舞います。

韓国コスメ通になる

　韓国コスメはリーズナブルなのに優秀なブランドが多いため、大ブームです。昔は並行輸入をするか、現地で調達してくるしか入手方法がなかったのですが、今や簡単に通販サイトやバラエティーショップでも手に入れることができます。

　推しの肌やヨジャグループの肌がキレイなのは発酵食品であるキムチのおかげ、と言われていた時代から、スキンケアアイテムのおかげ、と変化しました。今では韓国のスキンケア商品の実力を誰もが試すことができるし、世界中で展開しているブランドも多いことから、とても人気が広がっています。

　そんな韓国コスメでキレイになりたい。推しが戻ってくる頃には、アンチエイジングで若返っていたら最高です。自らの美を追

求するだけでなく、何かあったら推しにアドバイス（公式サイト
のコメント欄に）できるほどの通になる。まったくもって、ナル
シシズム全開です。

　はて、通とはいっても美容家さん、美容ジャーナリストさん、
美容ライターさん、そしてメイクさん…と本物の通が多く存在す
るので、とりあえず自分に合うアイテムを探すのが先決でしょうか。
韓国在住ライターさんや現地のK-POPアイドルのヘアメイクさん
が紹介するウェブサイトやムック本は、とっても参考になります。

　推しがアンバサダーを務めるコスメブランドを使ってみるの
も、ひとつのポイントです。最近は男性アイドルや俳優、アーティ
ストが街中の広告でデカデカとスキンケアした顔を見せているの
で、推しと同じアイテムを使うと気分はホクホク。ついでに推し
の２次元キャラクターとコラボしてパッケージ化されたアイテム
もあるなど、韓国コスメには多彩な楽しみ方が存在します。

　そもそも韓国では、男性も美容への探究心が半端なく強いとい
います。その中でもK-POPアーティストは毎日のように、朝早
くから夜中までレッスン。歌やダンスの激しい動きを続け、そし
て睡眠時間が短い。体を酷使するため、肌荒れを起こさないよう
なケアは大事です。スキンケアという表面のことだけでなく、内

面も意識しているのだと聞きます。

　その中にはヘアケアも含んでおり、K-POPのヨジャグループのような、長くてフレッシュなヘアスタイルになるための優秀なアイテムも豊富。数年前から美容通を唸らせていたウォータートリートメントも韓国発信です。つけて10秒ほどですぐ洗い流しても、髪の毛がチュルンチュルンになり、改めて韓国コスメの偉大さを感じたアイテムでもあります。

　もちろん、メイクアップ系のコスメも優秀で、機能性の高さに安心感も。リップは「発色の良さ」は当たり前、ファンデも「カバー力」や「キープ力」など、「え、この値段でこんなに!?」と感動モノです。

　美容ほど努力を裏切らないものはない、というのは美容家さんたちのお言葉。そんなに努力している私を、推しはきっと見ていてくれるはず（妄想）。努力は裏切りません。

◆**ヨジャグループ**　韓国の女性アイドルグループ。

難易度 ★ ★ ★ ★ ☆

韓国語学校に通う

　K-POPや韓流ドラマ沼に落ちると、ある日突然、思い立ったように韓国語を話したくなります。推しの言葉を和訳ではなく、本人のニュアンスで聞き取れるようになりたい。それは当然の気持ちなのですが、リスニング以上に、実際に話せたらいいなと思うのです。

　それには、やっぱり勉強です…と【chapter 9　戻ってきた時の声掛け用に韓国語フレーズを覚える】でも書きました。ここではある程度の韓国語を発することができるというだけでなく、少しの日常会話までできるようになるために、韓国語学校へ通うことをテーマにしています。

　外国語を大人になってから学ぶのって、ほんっとに大変です。

第二外国語だけでも大変なのに、ましてや第三の外国語を話せる人は尊敬に値します。韓国の人たちはその点は素晴らしく、英語を話せるのは当たり前で、それ以上に日本語や中国語を話せたりも。トリリンガルのアーティストも多いので、畏敬の念しかありません。

　自分もそうなりたい。なるために重要になってくるのが、意志の強さです。毎日、配信サービスや教材、アプリやSNSなどを使って独学でできればいいのですが、結局、やらなくなってしまうことも。特に話せるようになるには、毎日のインプットだけではなく、アウトプットも並行させるのが上達のコツなんだとか。

　私は文字通りの三日坊主を繰り返し、自分ひとりではできないと、オンライン韓国語教室に登録しました。しかしながら、これも3カ月ほどで脱落。オンラインはいつでも自分の好きな時間を選択できるメリットはあるけれど、予習と復習をしないと次の授業に臨めない。尻込みをするようになり、予約を躊躇してお金の無駄に。もうダメダメです。

　独学、オンラインの失敗ときたら、残るはオフラインの教室です。戻ってきた時の推しとのヨントン（があったら。プラス、当たったら）に、ペラペラになって挑みたい！　改めて目的をハッ

キリと定め、自宅から近い場所にある韓国語学校を探しました。

　教室に通っても続かないのは、学校がある場所が遠いからです。それはかつて通っていた英語教室の先生からのアドバイスでもあります。暑くても寒くても、雨が降っても雪が降っても通える場所があれば、足が遠のくリスクが減ります。

　楽しい仲間がいる教室になったら、それも継続する動機の底上げになります。同じグループが推しの生徒と友達になったり、あるいは帰りに新大久保のアーティスト専門店を探して推しのグッズを買ってみたり。先生まで自分が推すアイドルグループのペンだったら、もう感激。

　他にも、教室の帰りにおいしい韓国料理を食べに行く、大好きなコングクスやヘジャングッなどを食べることも背中を押します。こうやって楽しみがひとつずつ増えるにつれて、継続することが楽になっていくものです。

　付け加えると、先生がK-POPアーティスト風の超イケメンで驚いたことがあります。その先生が初めて現れた瞬間、生徒たちの目がハートになったことを見逃しませんでした(笑)。

　グループレッスンにしろ個人レッスンにしろ、韓国語教室に通うのは意外にハードルが高いものですが、継続できればある

程度、話せるようになります。

　難しい会話はできなくとも、コンサートに行って本国のペンと同じように、リアルタイムで推しの言葉に反応したい。そう信じて勉強していれば、待っている間に上達しちゃうかも。

◆ヨントン　ヨンサントンファの略で、「ビデオ通話」の意味。サイン会が主流だった時代から、近年はオンラインで推しと話せるイベントが台頭している。

◆コングクス　冷たくてクリーミーな、大豆をすり潰した白いスープ。細切りにしたキュウリやトマト、ゆで卵がトッピングされている。

◆ヘジャングッ　疲れた胃腸を整え、二日酔いや滋養強壮に効くといわれるスープ。

本場の韓国料理を食べてみる

　韓国料理は今や、世界の食卓に出てくるオーソドックスな料理
です。サムギョプサルもさることながら、タッカンマリやタッカ
ルビ、スンドゥブは誰もが知っている料理。専門店まで増えて、
行列必至です。しかも、みんなおいしい！

　それでも韓国料理の中には、まだ日本人にとってはなじみのな
い本場のメニューもあるのです。

　スンデはその最たるものでしょう。これは豚の血やもち米、春
雨、香味野菜などを混ぜ合わせたものを豚の腸に詰めて茹でる、
もしくは蒸して作られた料理のこと。苦手だという人もおり、ス
ンデ好きな推しのために食べたけどダメだった、と嘆く友人がい
ました。

　ところがある日、その友人をスンデが名物だという新大久保の
お店に連れて行ったところ、激ハマリしてしまいました。あるい
は海鮮が苦手だという友人が、推しの好物がムルフェと聞いて挑
戦したり、サンナクチという活タコの刺身が好きな推しに感化さ
れて、吸い付く吸盤が苦手だったのに大丈夫になった、という話
もあります。

　こうして推しのために本場の舌を育てることも、待ち活の醍醐
味です。

　ところで、プデチゲは日本名で軍隊鍋と言われているのに、軍人さんたちが好んで食べているものではありません。韓国通の間では有名な話です。朝鮮戦争の時代に、当時のアメリカ軍部隊から得たものを材料に、飢えをしのぐために作られたお鍋なのです。ちゃんこ鍋のように相撲部屋で毎日食べられるのとは違って、韓国では軍人さんが食べているわけではありませんが、プデチゲこそ、パワーいっぱいなメニューでしょう。

　ドラマ「D.P. ―脱走兵追跡官―」の中で見たアムソカルビとサムジンオムクも気になっています。アムソカルビは、雌牛のカルビのことだとか。釜山のヘウンデ（海雲台）という地域にある「ソムンナンアムソカルビ」というお店が有名で、釜山旅行者はここで食べるのが夢なのだそうです。

　サムジンオムクは釜山名物のオムクの中でも「サムジン食品」という有名な食品会社のおでんのこと。韓国のおでんは魚の練り物がメインで、なんとも味わい深いのです。

　一度食べてみたいのは、軍生活の中で月に３、４回ほど定期的に出てくるという、クンデリアというDIYハンバーガー。軍隊とロッテリアをかけ合わせた造語ネーミングです。軍隊での食事は基本的に韓国料理で、これが唯一のパンメニューだそうです。

　その日はパティ、パン、ぶどう味やイチゴ味のジャム、プルコギとチキンバーガーソース、加工サラダ、一般サラダ、ピクルス、チーズ、牛乳、卵、クリームスープや牛肉のスープ、シリアルなどが献立として提供され、パティにそれぞれが好きな具材を挟んで食べるのだそう。まるでタコス！

　嬉しそうに推しがほおばる姿を想像するだけで、ほっこりします。

◆**ムルフェ**　ムル（水）フェ（刺身）という名前の通り、刺身に氷水とコチュジャン、キュウリ、梨を加え、ニクニク、青ネギなどの薬味を入れた料理。

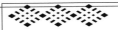

Column

プデチゲにも種類がある

プデチゲには大きく分けて、ソウル市郊外の京畿道（キョンギド）の議政府（ウィジョンブ）式と平沢（ピョンテク）市の松炭（ソンタン）式があるようです。

また、ソウル龍山（ヨンサン）区に駐屯していた米軍部隊を中心に発展した、ジョンスンタンというプデチゲの一種も存在。ジョンスンタンの名称は、1966年のリンドン・ジョンソン米大統領の訪韓に由来します。牛骨でスープを出し、ラーメンやキムチは入らないことから、プデチゲとは区別されることもあります。

ちなみに、現地にあるジョンスンタンが有名なお店「パダ食堂」（ソウル特別市龍山区漢南洞）には、いつか行ってみたいと思っています。

アナログレコードを集めて
ミュージックバーでライブ気分に浸る

　アナログレコードで聴く音には、まるでライブ会場にいるような臨場感と音圧があります。レコードにはデジタルでは拾えない周波数、すなわち人間の可聴域外の周波数も記録されるということですが、その音はまさに、CDよりも表現力が豊か。こだわりのオーディオ機器で再生すれば、実際の演奏に近い音が広がります。

　世界的にアナログレコードの人気が高まっているのも、その味わい深さゆえでしょう。音楽が配信ダウンロードやストリーミングサービスで聴く時代になった一方で、行き着いた先に見つけた、新たなる音の楽しみ方です。

　とはいえ、アナログレコードを再生できるプレーヤーを持っている人は少なく、アナログ専門のミュージックバーで聴いている、

という人が大半ではないでしょうか。

　アナログレコードで音楽をかけるのはとりわけ、ロックや昭和歌謡を聴かせるバー。そこにK-POPをかけてくれるお店はあるの!?…って、ちょっと半信半疑。

　それがね、あるんですよ。近年のK-POPはレベルの高い楽曲を引っさげてビルボードチャートを賑わせ、アメリカツアーを成功させてしまう実力派グループが多いので、バーのマスターたちも音楽性には信頼を置いています。

　よほどこだわりの強いミュージックバーでなければ、相談の余地はあります。なおかつ、お客が少なめの早い時間帯に打診してみたら、案外いけることも。まずは推しが出しているアナログ盤を入手し、それを持参してマスターに「かけて」とお願いしてみることにチャレンジです。ただし、好みはあり。

　やっぱり敷居が高くてミュージックバーになんて行けない、という人は、自宅で楽しめるレコードプレーヤーを購入するのもひとつの手。アンプやスピーカー内蔵モデルであれば、ある程度は予算を抑えられるし、接続する手間がかからず、すぐにレコードを再生できるので重宝します。

　さらにはもっと音がよく、一層リアルなライブ感を出せるプ

レーヤーが欲しくなってしまったら…。どうしましょう。いくらまでかけてよい、と自分で決めてオーディオにお金をかけるか、やはりミュージックバーの常連になるか。

　おうちでゆっくり聴くのもよし、外で聴くなら専用の空間を探して思いっきり音を満喫してみると、新たな快楽を発見できます。

　レコードに針を落とした時のブツッという音、チリチリというノイズ。そして推しの声はたまりません。

　もうひとつ、レコードの醍醐味はジャケットを楽しめること。LP盤は存在感があって、インテリアとしてもサイコーです。推しのセンスが凝縮されていますから。

　問題は、その販売数が少ないこと。特にアナログ盤は量産せずに限定盤で出すことが多く、発売時に購入しておかないと、のちのち欲しくなっても入手するのが困難になります。
「いや、それ以前に、ウチの推しはアナログ盤を出してないんだけど」

　そんなペンは、推しがいつかアナログ盤のベストアルバムを出してくれるよう祈って待つ。これも待ち活の一種!?

過去の先輩たちの体験談を
参考に読む

　韓国在住の私の友人によると、韓国の男性は兵役の思い出話を積極的にする人としない人に分かれるといいます。もちろん軍生活でいい思い出がない人は話したがらないでしょうし、逆に武勇伝を語る人もいるでしょう。

　その友人の旦那様も自発的に兵役の話はしないけれど、かつて服務していた部隊の関連場所に連れて行ってくれることがあったそうです。質問するとすぐ教えてくれる、とも。

　同様に、兵役時代のエピソードを伝えてくれるアーティストがいます。インターネットで検索すると様々な体験談を読むことができますし、テレビで語ったことをブログに記録してくれているペンもいます。

　過酷な訓練の体験談を目にしてしまうと、推しのことが心配になるかもしれません。韓国の冬は寒く、マイナス20℃前後になることもあるといいますし、山での訓練では孤立することも…と語る韓流スターもいました。アーティストに限らず、軍隊に行きたくないという人はやはりいるけれど、除隊の際はいい思い出に変わることもあるそうです。

　食事については、こんな話が。ビニール袋にごはんやおかずを入れ、そこにスープを投入。袋を閉じて、お箸で混ぜ混ぜしたら出来上がり…のボンジパッというご飯を食べることがあるといいます。ボンジが袋でパッがご飯の意味なので、袋ご飯という意味合いですが、そのままですね。

　そのビニールの先を切って、チューチューしながら食べる。そんなことも、訓練中にはあるようです。日本でいう、猫まんま的なもの⁉

　そんな興味深いエピソードも、あれこれ検索すると知ることができます。豪快でカッコいい、とも感じてしまいます。

　そういえば、軍隊がモチーフの韓国ドラマでも、そんなシーンがありました。「辛ラーメン」の袋にお湯を入れてそのまま食べるポグリ、というのが。韓国の人はわりと袋のまま、ラーメンやご飯を食べることがあるようです。

　K-POP人気の立役者といっても過言ではない人気ミュージシャン・Kさんの著書は、とても参考になりました。「幸せを数える。」というタイトルで、心を打つ内容です。641日に及んだ兵役生活を日記として綴っていて、過酷な毎日があったからこそ気付ける幸せが多くあった、と発信しています。

　そこには兵役中に見つけた77個の幸せへのヒントが記されており、きっとK-POPペンみんなにとっての勇気になります。10年以上前の日記ですが、制度は多少変わっていても、その心の持ち方が心に響いてきます。

　入隊後の変化で盛り上がっているSNS投稿もありました。入隊

してからこの上なくかっこよくなったメンバーのことや、性格が
ソフトだったのに鬼の教官になっていたメンバー。さらにはマッ
チョになって、シャワー室で出くわしたらキラキラ輝いていた、
というメンバーも。

　いずれにせよ、どんな経験談からも想像できるのは、短くない
時間を終えた時、多くのペンに出迎えてもらえる未来は嬉しいも
のだということ。そして一日も早くステージに立ち、ペンに報い
るように、という目的は共通なのです。

　そんな言葉を推しの口から聞ける、その日を待っています。

振り付けを習得して
1曲踊れるようになる

　推しの曲では踊りたくなるもの。ダンス経験者でなくとも、体がムズムズして縦ノリになるのは自然な現象です。

　でもやっぱり、K-POPのダンスって難しい。手の動きのしなやかさ、ジャンプ…付け焼き刃で習得することはできません。でもせめて代表曲のサビの部分だけでも、それなりに見えるように踊りたい。

　そう、その願いは頑張れば叶えられる気がしてきます。なんたって、YouTube先生やTikTok先生が教えてくれるのです。

　まずは踊りたい曲を、動画サービスから検索します。振り付け指南動画が上がっていれば期待通りですが、なくてもなんとかイケます。

　本人たちのダンプラもあるので、それをチェック。そして踊り
たい曲の速度設定を標準からスローに変更し、繰り返し見て振り
をコピー。ひとコマごとに振りを覚え、覚えたところから速度を
標準に戻せば…あらら、いつの間にか完コピできているではあり
ませんか。

「にしても私の推し、全ての楽曲のダンスが激しめで、まるまる
　１曲コピーするのは厳しいかも」

　という人は、K-POPダンス初心者が完コピしやすい曲や、踊
るとカッコいい楽曲で体を慣らすことから始めてみるのはどうで
しょうか。推しの楽曲ではなくとも、カラオケで披露できそうな
ヒットナンバーで少し踊れたら、鼻高々です。

　歴史を調べると、K-POPダンスは比較的新しいジャンルなん
だそうです。1996年にデビューしたH.O.T.というグループが今の
K-POPダンスの走りとされており、その後、2003年に活動を開
始した東方神起などの影響でK-POPダンスブームが起こりまし
た。偉大なソンベニムたちですが、それ以降の盛り上がりは言う
までもありません。

　ナムジャ（男性）のグループではありませんが、かつて日本
に衝撃をもたらしたのは、KARAや少女時代のダンスでしょう。

ヒップダンスにキュンとしたのは男性だけでなく、女性もしかり。
TWICEのTTダンスはもはや、テッパンです。

　話を元に戻しますと、推しの楽曲をまるまる完コピしたいという願望については、自宅でこっそり…が恥ずかしくありません。

　そうしてダンススクールに通うのは、その後の話で…。

◆**ダンプラ**　「ダンスプラクティス動画」の略。ダンス＆ボーカルグループが動画配信サービスに上げる、定点（＝正面から）撮影しているダンス動画のこと。

◆ **H.O.T.**　男性グループ5人組で、韓国のアイドルグループ第1世代。グループ名は「High-five Of Teenagers」（ハイファイブ・オブ・ティーンエイジャーズ）の略で、「10代の勝利」という意味。ファンからは「エチョティ」とも呼ばれ、1996年のデビューから2001年に解散するまで、韓国で圧倒的な人気を誇り、アイドル界を変えたと言われている。

◆**ソンベニム**　先輩＝ソンベ。呼ぶ際は「様」にあたるニムをつける。

自家製のキムチを作ってみる

　スンドゥブチゲ、ピビンパやサムギョプサル、チヂミ、トッ
ポッキやナムルなど韓国料理のレシピは、インターネットで探せ
ば様々、出てきます。今やお料理教室に行かなくとも、プロの味
を再現できるレシピを手軽に入手できるのです。もちろん、キム
チもしかり。

　韓国ではもちろん、キムチはソウルフードのひとつ。それぞれ
の家庭にそれぞれの味があるといわれますが、最近の若者は手作
りせずに、お店で購入する風潮にあるとか。おいしいものがすぐ
に買える時代、代々受け継がれる秘伝の味が失われていく、とい
う現象はどこの国でも同じようです。

　とはいえ、キムチは地域によって材料が違い、各家庭にそれぞれ

伝わる、オモニ（お母さん）の味。韓国のドラマや映画では往々にして、女性がキムチを漬けているシーンが登場しますから、やっぱり秘伝は受け継がれています。

　さて、キムチ作りには晩秋が最適の季節だといいます。11月から12月にキムチ作りをする「キムジャン」というイベントは有名ですよね。

　これは家族や親戚、近所の女性たちが集まって、ひと冬分のキムチを漬ける行事。ユネスコ世界無形文化遺産に登録されているほどの、伝統的な文化です。多く食べる家庭ではなんと、1シーズンに100玉の白菜を漬けることもあるそうです。白菜だけでなく、大根やキュウリ、セロリやニンジン、山芋などといった色とりどりな野菜を使って、味の違いを楽しんでみるのも至福です。

　そういえば、韓国料理店を営む友人の手作りキムチは、やっぱりおいしい。その味作りの秘訣を尋ねると、
「うちにはキムチ部屋があるし、キムチ冷蔵庫はもちろん持っています。あと、韓国料理の隠し味に欠かせないオキアミは必須。韓国食材屋や韓国輸入品の通販でも手に入るけれど、アミの品質が味を決めます。オキアミを手に入れるのが難しい場合は、料理研究家のコウケンテツさんのレシピを参考にしてみるといいか

も。うまみ素材として、アミの代わりに辛子明太子を使って作る、お手軽キムチを公開しています。目を見張るようなレシピですよ」

市販のキムチは甘い（甘くないものもありますが）ので自ら手作りしてみたら、それしか食べられなくなってしまった、という日本人がいるほど、手作りキムチにはとてもナイスなコクがあります。

キムチ冷蔵庫はなかなか用意できないので、寒い時期を狙ってある程度の量を作れば、ジップロックに入れてベランダや冷蔵庫で保存できます。必須アイテムは料理用の手袋です。手荒れしないように。

オモニの気持ちになってみます。

Column

韓国には200種類以上のキムチが！

　2022年、日本の高校の部活で、なんでも漬けてしまう「キムチ部」が話題になりました。大阪のコリアンタウンに足繁く通ってコツを勉強し、2023年の「漬物グランプリ」学生の部では、初出場で初優勝。白菜だけでなく、枝豆や焼きたらこ、大豆ミートなど、様々なものを漬けて楽しそうでした。

　本場である韓国には、200種類を超えるキムチがあるといわれています。ペチュキムチ（白菜キムチ）だけでなく、オイキムチ（キュウリのキムチ）、パキムチ（ネギのキムチ）、ケンニッキムチ（エゴマの葉）。日本ではカクテキと呼ばれる大根のキムチは、韓国語の発音ではカットゥギといいます。

　塩漬けした白菜の葉を広げ、その中に野菜や果物、海産物、栗、ナツメなどを入れて包んだ、円形のポッサムキムチという豪華版もあります。あるいは熟成の具合によって分類された、浅漬けのコッ

チョリ、ほどよい酸味で日常的に食べられるセンキムチ（生キムチ）、
発酵が進み酸味が強烈なムグンジなども。

　さらには、赤くて辛いキムチのイメージを覆すペクキムチ（白キ
ムチ）や、さっぱりと口直しになるスープのようなムルキムチ（水キ
ムチ）も特筆ものです。

　日本ではネーミングだけでキムチの部類に入れられるイカキムチ
は、キムチの一部と呼んでよいか微妙なラインだとか。「オジンオ
チョッカル（イカの塩辛）」といって、どちらかというと塩辛の分類。
オジンオチェキムチという、さきイカのキムチもありますが、それ
もムッチム（和え物）の類に含まれることが多いようです。

　私は韓国ドラマ「シスターズ」で主人公の母親が漬けていた大
根若菜のヨルムキムチを見て口中にヨダレが広がり、スーパーを
探し回ってゲット。以降、我が家の漬物はヨルムキムチです。

本国の聖地巡りをしてみる

　推し活に欠かせないことのひとつに「聖地巡り」があります。推しがコンサートで来日した時に訪れた都内のレストランやショップ、泊まったホテル、MVの撮影地などは、これまで頑張って回ってきました。

　でも、本国＝韓国の聖地巡りは未経験。推しが入隊中だからこそ韓国へ飛んで、ゆかりの場所に行ったら、より想いが深くなりそう。そう思って、聖地巡りの旅の計画を立てることにしました。

　まずは聖地を調べるところからです。思いつく場所はいくつかあるけれど、予定は3泊4日と短めなので、ソウル市内に絞ってみました。

　聖地はグループや個人によっても異なりますが、K-POP好きに共通の場所といえば、コンサート会場。ソウルでは、蚕室（チャムシル）総合運動場内にあるオリンピック主競技場と室内体育館、KSPOドーム（オリンピック体操競技場）、高尺（コチョク）スカイドームなどが有名でしょうか。

　会場の規模を比較してみると、売れていくほど大きな会場を選んでコンサートをしていく印象があります。そこでは推しが写真を撮ることも多く、オリンピック主競技場の各所、同じポジションで撮影するのはまさに感動です。

　推しの所属事務所も、外せない聖地です。もちろん今は不在ですが、建物を眺めて「この中で練習をしていたんだ」と想像すれば、これも胸熱。芸能人が多く集まる江南エリアも、歩いているだけで気分が高まります。

　グループなどの聖地を巡ったら、次は推し単独の聖地へ。私の推しはSNS投稿が多く、行った場所をよく上げているので、聖地は様々です。場所を特定するのは日本国内に比べてハードルが高いけれど、ブログやSNSをチェックするたび、実際に足を運んだペンたちのレポが見つかるので、その指示通りに行けば迷うこともなさそうです。

　加えて練習生時代に通った食堂、打ち合わせで使ったという事務所近くのカフェ、SNSに上げていた公園や美術館にも行ってみることに。

　食堂には日本から訪れるペンが、誰かしらいるとか。そこでの情報交換は当たり前。推しが食したメニューや、座った席を教えてもらえることも。日本にいては知ることのできない情報は、韓国に行くとたくさんあります。

「この目線で店内を見ていたのかな」「このテーブル、触ったかな」などと想像するだけで、今までよりもっと推しを身近に感じるこ

とができます。ハッチョコを現地で飲んでみたい!

　除隊したらまたきっと、たくさんの投稿をしてくれるであろう推し。これからも増える聖地をひとつずつ制覇して「いつか偶然、会えるかも!?」なんて妄想していたら、待っている日々はあっという間に過ぎていくはずです。

◆**ハッチョコ**　温かいチョコレートの飲み物で、ホットチョコのこと。いわゆるココア。日本ではどの店にも置いてあるわけではないものの、韓国では冬の定番。

Column

聖地巡りの友に必須な
オリジナル地図アプリ

　韓国ではNAVERやコネストなど、韓国オリジナルの地図アプリを使うのがオススメです。日本語表記も可能で、地下鉄の路線図も掲載されているため、このアプリさえあれば、移動にはほぼ困らないでしょう。

　1回の旅ごとに聖地を保存でき、次の聖地巡りのためのルートを作っておくこともできます。日本にいても地図アプリを眺めているだけで、旅の想像が膨らみます。

難易度 ★ ★ ★ ★ ☆

DMZツアーを体験する

　旅行会社に勤める韓国エリアも担当する友人に偶然に伺った話から、DMZという北朝鮮と韓国の共通の領地があると聞きました。それは個人では決して行けず、ツアーでしか入れないエリア。K-POPペンは推しの国に対する理解をより深めたいという純粋な気持ちから、このツアーに参加するケースがあるそうです。

　ここからは、韓国に住む友人に聞いた話です。

「DMZはDeMilitarized Zoneの略称で、『非武装地帯』を意味しています。1953年の朝鮮戦争の休戦協定に基づいて設定されたもので、軍事境界線から南北に幅2キロメートルずつ広がった地域のことです。一般人の出入りは禁止されており、中立国の監視団が継続的に監視活動を行っています。個人で見に行くことはで

きず、韓国人はDMZへ行く機会はあまりないですね。関心のある人はツアーに申し込んで参加するようですが、個人でわりとカジュアルに行っているのは、その手前の平和公園ですね。ドライブ先や観光地として選ばれるのは、その中の臨津閣（イムジンガク）国民観光地というエリアでしょうか。軍事境界線からは南へ約7キロメートル、ソウルからは電車で京義・中央線に乗って臨津江（イムジンガン）駅で下車するとすぐ。展望台や展示施設、平和祈願のシンボルがある公園などがあります。ゴンドラに乗って、臨津江という川を越えて向こう岸まで行くこともできますよ」

　DMZツアーは冷戦の歴史を学ぶことができるもので、日本語のガイド付き。ガイドさんはとても親切だと、口コミで高評価を得ています。

　2024年の年明け早々、朝鮮半島では不穏な動きがあったとのニュースを目にしました。世界ではなにかと争いごとが勃発しています。実際に足を運ぶ際には、そんな情勢も鑑みないといけないのかもしれません。

　けれども、こういったツアーがある、と知ることがひとつの学びにもなり、いつか私も行ってみようと考えています。

推しが行った他国を
旅行する

　推しがワルツをすれば、それだけ世界に降り立った地が増え
ます。K-POPアーティストのワルツではアメリカ、ヨーロッパ、
南米、アジア、カナダあたりがよく組み込まれているような印象
があります。

　そうした国へは、推しが活動中のワルツでチケッティングが成
功したら行くかもしれない、という声はよく聞きます。

　推しが回った土地を、その推しがいない間に辿るのは、レベル
が高め。個人的には、これまでK-POPのコンサートやフェスが
開催されてきたアメリカやシンガポール、香港、マカオ、ベトナム、
フィリピン、台湾、アラブ首長国連邦、フランスなどのうち、行っ
たことのない国に、一度は旅行してみたいところです。そうそう、

コンサート以外の目的で海外に行った推しもいるかもしれませんね。

　そして、推しが生まれた国に触れてみたい。例えばブラジル、オーストラリア、中国出身の推しがいたら…。ブラジルは日本の裏側だし、生半可に計画するにはハードルが高いものの、エイヤッと行ってみたら楽しかった、という話は耳にします。アルゼンチンも同じです。あるいはパースでリゾート気分を満喫、もしくは上海で食べ歩き、というのも。

　と言いつつも、どうせ行くなら推しが戻った際のコンサート開催時に…と考えてしまいそう。海外旅行は久しく行けていないという人は、推しのアクリルスタンドを持って各地を満喫です。

◆**ワルツ**　ワールドツアーの略語。

韓国料理を習いに行く

　オフラインの韓国料理教室に行くと、思いがけないラッキーに出会うことがあります。日本で韓国料理に特化した料理教室を選んで来ているのですから、そこにいる生徒さんは韓国好きに決まっています（たぶん）。高い確率でK-POP好き、もしくは韓流ドラマが好きなのではないでしょうか。なので、推しの話で意気

投合する出会いがあったり、先生が韓国人でしたら、韓国語まで習得できたり。

　一時期、韓国ドラマ「宮廷女官チャングムの誓い」の流行にともない、駝酪粥（ダラクチュク）、紅柿竹筍菜（ホンシチュクスンチェ）、貊炙（メクジョク）など耳慣れない宮廷料理を作るといって、お料理教室に通っていた友人がおりました。
「宮廷女官チャングムの誓い」は2004年にNHKが放送した初めての韓国時代劇でしたが、これが大ヒット。韓国でもその前年に放送されるやいなや、50％という驚異の視聴率を誇った伝説のドラマです。

　そんな友人も、宮廷料理は志半ばで終わった…というのが後日談なのですが。

　当たり前ですが、私も辛ラーメンは作ることができました。でも、もっとテーブルを彩る本場のメニューを学びたい。そう考えて探してみると、様々な料理教室が見つかります。

　楽しく学べるという口コミで人気のところや、韓国の家庭料理を食べやすく日本人の口に合うよう研究しているところ。単発チケット制で、初心者でも簡単に作れますというキャッチーなところもあれば、料理が上手なオモニから家庭料理を教わった

アッパ（お父さん）の教室が。そのほかに、オモニの味を最近の流行りにアレンジした創作家庭料理を伝授してくれる、20代の韓国女性がひとりで運営している教室も。

　ある日、新大久保にある韓国料理店でご飯を食べていた私は、壁に貼ってあるチラシから、週末のお料理教室のイベント告知を目にします。

〈韓国の伝統的な料理から家庭料理まで学べるお料理教室を月イチで開催！〉

　その中には伝統料理、宮廷料理に使用する飾り付けや、庶民的な料理をオシャレに美しくセッティングする方法をテーマとする日がありました。志半ばで宮廷料理を学び損ねた友人を思い出します。

　それはさておき、私はおしゃれに美しくセッティングするワザを求めていました。お料理はレシピを学んでおいしく作れるようになることが基本ですが、盛り付けも重要です。見た目によって食指が動くか動かないか。それも学びたいと考えていた矢先だったので、目を丸くしました。

　やはりこういったディテールはお教室に通わないと習得できないこともあり、料理に合ったカトラリーにこだわりたかったら、

chapter 24

その国の人に教わるのがベターです。もとよりセンスもありますが。

　とはいえ、最初に行ったお教室のその日は、春がテーマでした。春の草を楽しむ。体がぽっかぽかしてきた！

　なんだか心穏やかに、推しを待てそうな気分です。

◆宮廷女官チャングムの誓い　身分制度の時代に不幸な家庭環境に生まれた、主人公チャングム（長今）の奮闘記。宮廷料理人がのちに女医として活躍し、「大長今（デジャングム：偉大なるチャングム）」の称号をもらうまでの半生に、多くの人が勇気づけられた。アジアで大ヒットし、本国では最高視聴率が58％。少なくとも２人に１人が見ていたという、モンスター級作品。

推しと同じ髪の色にする

　推しが髪の色をピンクに染めたので、ピンクにしたい衝動に駆られていた時期があります。さらに推しはよくヘアスタイルを変えていたので、それもまぶしく感じ、「やってみたーい！」と。金髪？　うーん、やってみたいけどムリ。ブルー？　うーん、それはハードル高め。イエロー、ホワイトなんて言わずもがなです。

　先週はパープルだったと思ったら、今日はピンクヘア。そうかと思えば、いつの間にか漆黒になっていた…なんてことも多い推しを追いかけるのは、目が回りそうになる気分です。

　グループ内で髪の長さや背格好が似たり寄ったりなメンバーがいたら、髪色が入れ替わっても見間違えてしまうほど、七変化はK-POPではよくあること。

　比較してみると、日本のアイドルグループはわりと長い間、ヘアスタイルを変えないように見受けられます。ましてや結成当時はメンバーごとにキャラ設定がなされていることがあり、金髪キャラは長きにわたって金髪キャラを維持し、ロングヘアもそれにならってロングのまま。

　女性アイドルに至っては、ロングヘアキャラの女性が1カ月ごとにミドルになったりショートになったり、短いスパンでヘアスタイルを頻繁に変えるとキャラ設定のジャマになる、と聞いたことがあります。

　ところがK-POPは、ヘアチェンジが頻繁。自らをアクセサリー的なもので主張しないことへの自負があり、

「気分でカラーをチェンジする。それで一瞬、自分と認識されなくなっても大丈夫でしょう。だって、すぐに俺ってわかるし」

　…的な？　そうやってオラオラしているようにも見えます（実際は違うと思いますが）。

　そんな推しのヘアスタイルを真似することに、しばらく躊躇していた私。職種によってはオールカラーを楽しめるヘアスタイリストやクリエイターといった人たちも存在しますが、日常においてド派手にしちゃって大丈夫かな、と危惧するへっぴり腰です。

　でも、本気でカラーリングをしてみることにしました。ただ、髪全体にではなく、ほんの一部だけのハイライトにチャレンジ。

　性格上、気ままに髪色を変えられる人もいるでしょうが、大抵は職場や周囲の目を気にせずにはいられません。髪を染める作業自体は難しくなくても、髪の全てを推しのカラーにするのは容易ではありません。でも、ほんの一部ならいいかも。それでけっこう満足です。

ハイライトのポイント使い

　耳の上部の扇形先端から少し後方のインナーに入れると、髪をかき上げた際にチラリとカラーが見えて、さりげない感じです。１DAYの即席カラーができるインスタントカラー剤を利用すると、その日だけ楽しめます。あるいは、エクステでド派手なカラーヘアを楽しむ人もいます。

← ハイライト

K-POPのダンススクールに
通ってみる

「推しのどこが好き？」と聞かれたら、何と答えますか。私はもちろん、全部好きだと答えますが、強いて挙げるなら「ダンス」。

K-POPのアーティストはみな歌唱力が絶大な上に、ダンスが抜群に上手です。キレがいいだけでなく、激しさとしなやかさも兼ね備えており、アイソレーションなんか、うっとりとして細かく目で追いかけてしまうほど。もちろんあそこまで踊れるとは考えていないけれど、自分が少しでも習得できたら嬉しいものです。

早速、K-POPダンススクールの情報を調べてみました。今、大流行しているだけあって、インターネット検索するだけで、かなりの数がヒットします。初心者OKのところや、プロを目指す人向けのスクール。あるいは小学生や中学生のクラス、中高年も受け入れているクラスなど、スクールの内容は多種多様です。

そこで私は、初心者クラスの体験レッスンに行ってみることにしました。先生は30代の男性で、K-POPダンスを教えて10年以上になるそう。

かっこいいし、教え方も熟練していたけれど、生徒はなぜか経験者がほとんど。まったく初めての私には、ついていけないことばかりでした。

どの曲から踊るのか順番も決まっていて、推し以外のグループ

の曲だったため、知らないからついていけず。どうしたらよいか
モタモタしていたところ、同じ推しが好きな生徒が声をかけてく
れて、「まずは個人レッスンを一緒にやらない？」と誘ってくれ
たのです。

　そこはある程度の人数が揃えば先生がスタジオを確保してくれ
て、やりたい曲をリクエストすることもできるとか。うん、これ
ならやってみたい…と推し仲間を募り、レッスンを開催してみる
ことにします。

　かかる時間は１時間半程度。１曲全てを覚えるのは無理なので、
大好きな曲のサビの部分だけを繰り返しレクチャーしてもらいま
した。

　そして最後はみんなで写真撮影。それぞれの推しの立ち位置が
あればその立ち位置で、推しが好きなポーズがあればそのポーズ
で、もうそれだけでテンションが爆上がりです。

　その後も月１回のペースで、スケジュールを相談しながら習っ
ていくことで、少しは上手になります。

　家でも推しのダンス映像を、何回も繰り返し見ること。先生に
そう指導されて、次回まで予習復習です。これで不思議と毎日、
推しに会っているような気分になります。

推しがカムバしたらさらに踊りまくることは言うまでもなく、ダンチャレも真似していきたいものです。

◆**アイソレーション**　首、肩、胸、腰など、一部だけを動かすこと。

◆**ダンチャレ**　ダンスチャレンジの略称。新曲をリリースした時に、ほかのグループのメンバーとコラボをしたり、後輩グループが踊ったりして、動画サイトにアップするのが定番化している。

スクリーンのあるパーティー部屋を借り切ってライブを見る

　他人に干渉されないカラオケボックスや、貸し切り可能なモニター付きのレストラン、迫力満点の映像を楽しむためのプロジェクターがあるレンタルスペース——。これらは推し活に必須の空間です。

　大人数での鑑賞会に便利なのはここ、ひとりでひっそりと見るとしたらそこ、スマホやDVDのデータを画面に映す接続ケーブルがついているのはあそこ、推しカラーのドリンクや食べ物のメニューが豊富で食事しながら臨場感溢れる鑑賞会を開くならあっち、もうミラーリングまでできる…などなど、推しのパフォーマンスや表情をよく見るための大画面鑑賞は、自宅では実現不可能です。サラウンドスピーカーでライブやパブリックビューイン

グの気分を味わい、推しの愛しさを再認識するにはもってこいで
しょう。

　グッズの持ち込みは、もちろんOK。ペンライトや推しへの声
掛け、声援を発するボタン式応援トイを貸し出してくれるところ
もあります。そもそも最近は「推し活ルーム」という専用の部屋
がブームで、注文すればバルーンやガーランドなどの飾り付けも
可能に。「誕生日をお祝いする部屋」は自分の待ち活だけでなく、
友人のバースデーにも重宝します。

　少し贅沢したい気分の時には、ラグジュアリーなホテルでの
推し活お泊まりプランも人気があるようです。推しのアクリルス
タンドを連れて女子たちでワイワイ、スクリーンはテレビ画面で
もいい。なんといっても、オシャレなホテルで映像を見るのがア
ゲアゲです。

プチ整形にチャレンジして
より美しくなる

　韓国は美容大国だと言われます。現在、韓国全体では美容外科、美容皮膚科のクリニック、医院が何千とあるようですが、その多くがソウルに集中しています。高級住宅街がある江南（カンナム）地区には、いわゆる「美容整形通り」と言われる場所があって、そこだけでも1000近くのクリニックが密集しているのだとか。これは日本の美容メディア情報です。

　美容といっても、プチ整形からチャレンジです。私はほうれい線が気になるので、そこにヒアルロン酸を入れてみたいと考えつつ、ヒアルロン酸注入が得意なクリニックだと安心なので、チェックしてみます。

　インターネットで検索してみると、進化版のスキンブースター

でよさそうなものを発見。サケ科の魚類のDNAから抽出された成分ポリヌクレオチドを主成分とした、肌再生スキンブースターだとか。特に皮膚再生治療用のリジュラン注射は日本人にも人気らしく、痛みとダウンタイムさえ我慢すれば韓国美肌を実現できると評判です。

　マシン系でも美肌が期待できます。韓国モノはとにかく実力派が多く、私の友人は日本人スタッフがいるソウルの美容クリニックで「オリジオ」という美肌マシンを推奨され、ちゃっかりトライしてきました。もうツヤッツヤです。

「オリジオ」は韓国語で「オルリダ（上がる）」から派生したネーミングで、RF（高周波エネルギー）を用いた韓国発の最新たるみ治療機器です。日本でやるとウン十万円はかかりますが、韓国ではとても安くできるので、行った際にはまとめてやりたいところ。

　ドラマティックな肌になると女性誌で話題の「ラビアンBBレーザー」も気になります。BBクリームを塗ったような均一感やハリが得られ、まるで「むき卵」のようなピカピカのお肌になるということで注目されています。推しの肌がチュルンチュルンなのは、それらのおかげかしら、と想像。

　最近では釜山が美容都市として、メディアで紹介されています。

その理由は、医療技術は変わらないのにソウルよりも価格が安い
こと。コンパクトシティーなので移動と観光がしやすいこと。そ
して、釜山市が医療観光を推奨していることが大きいのだといい
ます。

　美とは関係ないけれど、釜山は国内最大の港町なので、海鮮が
おいしい。最近はランドマークの「LCTタワー」など高層ビルが
建ち始め、見どころはいっぱい。新たな魅力が満載です。

　なお、釜山出身の男性はプライドが高めでちょっとシャイだけ
れど、男気がある人が多いそうで、「サンナムジャ」と呼ばれて
います。釜山出身の推しがいたら、釜山美容旅も楽しそうです。

　プチ整形というテーマでしたが、まずはお肌のメンテナンスを
しに行きたいな。自分に合ったクリニックが見つかると、とって
も心強いので。

　ああ、推しのためにキレイになるって、痛いけど素敵(笑)。

◆**サンナムジャ**　サンは「上」、ナムジャは「男」で、「男の中の男」を指す。

釜山の美容フェスティバルで
体験できること

　釜山には正式な地名として「西面メディカルストリート」が
あり、半径１キロ以内にメディカルクリニックだけでなく、美
容エステや美容クリニック、皮膚科、メイクショップなどが密
集しています。毎年、フェスティバルも開催されているそうで、
仮想整形体験や皮膚・頭皮診断、超音波診断、歯科矯正、視力
矯正などの最新医療の体験、漢方体験もできるとか。

　同じように、ソウルも医療観光には力を入れていますが、ソ
ウルの整形通りは、日本の美容好きの間で通称名として広まっ
ています。韓国語を話せなくても、日本語でコーディネートし
てくれるコンシェルジュがいるところも多いので安心です。

入隊中の推しのツラさを想像して、自分も何かにチャレンジする

　時には限界まで体力を使い果たすほどの、過酷な訓練もある。韓国の友人がそう教えてくれましたが、兵役は大学生の間に行くことが多いといいます。青春真っただ中の時期に、そのような厳しい訓練下に置かれる男性たち。苦しいばかりではありませんが、歯を食いしばる場面が多いと想像します。濃厚な人間関係、不自由な環境、決して推しだけの問題ではないのだけれど、その大変さを想像すると胸が痛い。

　その推しのツラさを分かち合うために、自分もふんばる！　そう決意して、まずは５キロのダイエットに挑んだペンがいました。

　５キロは簡単なようで、なかなか痩せない数字です。そのペンは韓国発のよもぎ蒸しに２週間に一度通い、痩せやすい体質

をまずは作ったそうです。加えて毎日15分の踏み台昇降をする。続けて土日は30分のランニング。それでなんとか３キロ体重が落ちてきたところだと、苦笑していました。

　推しに似た仏像を彫った、というペンもいます。仏像を彫ることがツラいことかどうかはさておき、一度挑戦してみたかったそうです。

　仏像作りは祈りを形にしていく作業なので、彫っている間は無心になれて、悲しみが癒えたそうです。彫り続けることによって快感に変わるともいいますので、修行の一種であっても、苦行とは違うかもしれません。

　祈りという思考を同じくして、四国のお遍路に出かけたケースがありました。お遍路は徳島県、高知県、愛媛県、香川県に点在する、1450キロメートルあまりの道のりを歩く巡礼。弘法大師、別名・空海さんゆかりの八十八ヶ所霊場のことですが、全て回ると40日以上もかかるそうです。おうちのことを考えると通しはさすがにできない…。

　ということで、断続的に完遂させた、あるいは滝行をしてみた、という人たちもおり、本当に脱帽です。

　辛い食べ物が苦手で、韓国料理を食べられないという人が、そ

れを克服して韓国料理を全て好きになる、という挑戦には目を見張るものがありました。

　まずは毎日、小指の爪程度の辛いものを食べることからスタート。キムチ、とうがらし、わさび、タバスコ、辛口カレー。さすがに激辛までは不可能だけれど、１年後には辛めのキムチが食べられるようになったそうです。なんだかバラエティー番組の企画みたい(笑)。

　チャレンジしたいけれどツラそうだな、とこれまで諦めていた夢があったら、今ならできるかもしれません。

　派手なアクションはなくとも、とにかく静かに心移りなく待つことは、一種のチャレンジ。学生は一心に勉強する、社会人は一生懸命に働く。淡々とルーティンをこなすことが、意外に修行だったりして。

推しの頭の形が気になる！

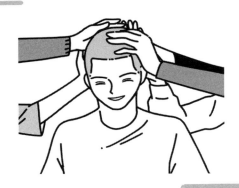

　韓国語で「カッカモリ（坊主頭）」といわれる丸刈りになった推し。ついつい頭の形を確認してしまいます。頭の形まで完璧なビジュアルだと、「神よ、よくぞこんな美しいものを作ってくれた」と思うのです。

　カッカモリは正式には、サイドとトップの長さに違いがある「端正なスポーツ型」が規定。つまり、ほんの少し髪があってもよさそうなのですが、入営の前に本人の意思で丸刈りにするケースが多いといいます。

思い切って韓国に留学する

　K-POPや韓流ドラマ好きがエスカレートして韓国に留学してしまった。そんなケースがあると、時おり聞きます。

　私の周りには、社会人になって15年にして、いきなり韓国留学した友人がいます。目的は韓国語と韓国文化を学ぶこと。韓国語は挨拶程度しかできない状態で渡韓しました。最初は3カ月と決めて語学学校へ通ったものの、それでは習得できずに3年以上も帰ってこなかった、という強者です。

　あるいは母親がK-POP好きで、その影響で大学生の娘もK-POP好きになって、そのまま韓国の大学へ留学した、というパターンも。

　韓国の語学留学先には、主に語学スクールと語学堂があるといいます。語学スクールは民間がやっているもので、日本でいう英

会話スクールみたいなもの。

　一方の語学堂は、大学の中にある語学学校です。現在留学中の大学生は、レベル1からレベル6まである語学堂へ通い、レベル6を卒業した人には正規留学の受験資格が与えられるようになっているとか。そのため、段取りを踏んで正規の大学受験を目指す人も多いといいますが、レベル設定やレベル数、正規留学の受験資格は各大学によって異なるため、行きたい学校を調べることが◎。

　レベル4で正規留学の受験資格を得られる大学もあれば、語学留学しなくてもTOPIK（韓国語能力試験）を受験して正規留学の受験資格を得られる場合も（これも大学によって必要級数は異なる）。

　高校卒業以上で、規定のお金を払えば語学堂に入学できるそうで、ソウル大学、延世大学、建国大学やソウル市立大学などの語学堂に通うのも夢ではありません。大学生しか参加できないものもあるという文化祭やイベントも体験でき、延世大学の「アカラカ」に参加したら思いがけず好きなK-POPステージを見ることができた、という人も。夢見心地です。

　ただし、語学堂は大学入学のために韓国語を学ぶ場所といえるので、授業は全て韓国語で行われます（当たり前）。厳しい反面、様々な国から来ている老若男女と一緒に学ぶ楽しさがあります

し、なにより大学生気分になれます。

　学校によっては文法に重きを置くところ、会話が中心なところなど、方針の違いがあります。自身に合う場所を選ぶのが大切です。

　留意すべきはやはり、最低ラインの韓国語を読めるようになってから行くことでしょうか。現在の韓国は物価が高いため、長く滞在すると経済的にはかなりの負担になると聞きます。長期留学するケースではアルバイトをする選択肢も出てきますが、韓国語のレベルが低い人は、アルバイトするにも制限が設けられるのだとか。それではやはり、もったいないですもんね。

　調べれば調べるほど、奥が深い留学。体験者は口を揃えて「行ってよかった」と言います。文法や単語を覚えるだけなら現地に行かなくても習得できますが、言葉が持つ意味や感性は現地で様々な体験をしたからこそ理解できるようになった、と喜んでいるのです。

　語学スクールによっては1週間や1カ月、マンツーマン指導も受け付けているので、試しに経験してみたいという人は、そこからスタートしてもいいかもしれません。

◆**アカラカ**　延世大学の応援団「AKARAKA」が主催する大学祭。人気 K-POP アイドルグループが毎年、総出演する。過去には NewJeans や WINNER、IU、EXO、IKON、TWICE、BLACKPINK なども参加。

Column

どこに住めばいい？

　語学堂に留学するのであれば、大学の寮がオススメです。大学の施設も活用できて安い上に、友人が増えるのです。ただし先着順なので、入居できなかった場合は「コシウォン」も選択肢のひとつに入るでしょう。

「コシウォン」は1年未満の短期契約も可能で、食事付きではないものの、共同キッチンにご飯やキムチ、ラーメンなどが常備されている賃貸ルームのこと。もともとは試験を控える学生が勉強に集中するための部屋として作られたのですが、今は家賃を抑えたい人など、利用者は拡大しています。

　また、「コシテル」という「コシウォン＋ホテル」合体版もあります。部屋の中にシャワーとお手洗いがついているぶん、家賃は高くなります。

　このほかにもシェアハウス、ハスク（日本でいう下宿）なども人気。中にはチェーン展開しているシェアハウスがあり、ピアノ付き防音ルーム、夜景の綺麗なオープンバルコニー、ゲームマシンなどもついています。

推しの人気を保つため、
投票などに参加して応援し続ける

アプロド ッチュク サランヘヨ

　推しがいない間に人気が下がることには、悲しみしかありません。なので、推しのブランド価値を維持するためにも、公式MVの再生回数に貢献しながら、人気ランキングがあればその投票も欠かせません。

「人気ランキング投票」や「人気チャート投票」は、韓国の文化です。韓国にはファンが投票してアーティストやアイドルのカムバを押し上げるシステムがあり、アイドルはカムバのたびに音楽番組に出演。そこに人気チャートが登場します。

　週6日もある音楽番組では、カッコいいステージを準備してくれるのですが、ファンからの投票やスミンなどが加味された人気チャートが、そこで変動。今の日本には音楽番組が少なく、チャートはさほど重要視されていないので、想像がつきませんね。チャートが放送されたとしても、それは売り上げランキングがメインでしょう。

　イメージとしては、日本でいうところの「ザ・ベストテン」や「ザ・トップテン」「歌のトップテン」といった、かつての音楽番組。チャート形式で10位から1位までのランキング曲が順番に発表され、その都度、歌手が歌い上げました。

　順位は売り上げと有線放送とラジオ、ファンからのハガキの要

素で決めていたのですが、まさに日本のハガキ部分がファン投票に相当します。韓国ではそういったペンダムのパワーが大きく、その順位を左右します。

　とはいえ、日本からは参加できるものとできないものがあります。加えてグループごとに投票アプリが異なっていたり、投票の集め方が多種多様だったり。かなり煩雑なので体力も精神力も必要とされますが、これに諦めず根気強く挑むペンが素晴らしいのです。

　ペンダムが自主性と連帯意識をもって、推しを1位にする。推しが帰ってくるまで人気をずっとキープするために邁進します。

◆**スミン**　音楽のストリーミング再生。音楽チャートで推しの曲を1位にするために、ファンが連帯して音源サイトで繰り返し曲を再生する活動のこと。

推しの事務所に
心を込めた
韓国語ファンレターを出す

　ファンレターを送ったことがあるペンもいれば、送ったことのない人もいるでしょう。

　公式プラットフォームにメッセージを書き込むのと、自筆の手紙を出すのとでは大違い。恥ずかしくて私はまだ書いたことがありませんが、送ってみて奇跡的に返信がきたら…！　死ぬほど嬉しい(妄想)。でも、返事を期待せずに出すのが、郵送のファンレターです。

　時に人って、手書きにはグッとくるものなんだそうです。手紙文化が消えつつある今でも、やっぱり手紙をもらうと感動しますし、特に遠距離恋愛下にある２人には手書きが肝心。文通や交換日記を、率先してやりたがります。

　そこで、推しが毎日の自由時間に読めるような手紙を送ってみるのはどうなのか。とてもエモーショナルなことだと考えます。

　裏を返せば、良くも悪くも手紙には念がこもっています。なので、中身については重すぎず、それでいてサラッと心を込めて。推しのパフォーマンスや好きなところ、そして自分がどれだけ推しから力をもらっているか。押しつけがましくなく、自分のことを控えて書くのがベターです。

　推しが活動中であれば、コンサート会場に置いてあるレターボックスに入れるという簡易的な方法がありますが、コンサートがない時や、推しが兵役中でいない場合は、韓国の事務所に送付するしかありません。

　韓国の事務所に送るなど、おそれ多いという気もしますが、エアメールにはエアメールの良さがあります。

　ここだけの話、推しのイルコン会場のレターボックスに手紙とＴシャツのプレゼントを託した友人に、信じられないことが起こりました。なんと後日、彼女が贈ったＴシャツ姿で、その推しがSNSに登場したのだとか。体が震えて腰から崩れたそうです。夢がある！

　なにせ今回は待ち活中でのファンレター、返信はいいんです。思いの丈を綴ったファンレター、0.1μｍでも推しの支えになれば本望です。

◆**イルコン**　日本で開催されるコンサート。

推しが行く前に
深い愛の意思表示をしておく

　もうひとつの「待ち活」というのがあります。それは「いない間にすること」ではなく「兵役に行く直前に推しのためにすること」という活動、というより行動です。

　そろそろ〇〇が行ってしまいそう、という雰囲気は感じ取れる

オヌルド ネイルド
ハンサン ヘン ボッカギル

　ものです。それは推しの年齢だったり、事務所の様子だったり。
芸能ニュースやペンたちの発信、そして推しの言動から気付く
こともできます。

　そうなるとやっぱり覚悟が必要なのですが、いざ推しの口から

「行ってきます」という言葉が出るのが怖くて、情報に手を伸ばせなくなることも。

正式に発表された日には、もう心と体がグチャグチャに…。特に初めての推しの送り出しは、頭ではわかっていてもショックは極めて大きく、ただただ泣くだけの日々。まるで自分の子供を初めて海外留学へ送り出すかのような感覚で、とても心許ない寂しさを覚えることでしょう。

箱推しの場合は、最初のひとりを送り出す時が最も苦しく、次から次へと送り出していくうちに、その絶望感は薄れていきます。が、そうはいっても、悲しみは慣れるものではありません。

以前、まだ年若なK-POPグループのとあるメンバーに「兵役に行っても待つ」というメッセージカードを掲げたペンが話題になりました。

そのメンバーがメッセージに反応して両手でハートを返すと、推したちはザワつきました。まだ早すぎる、言えばいいってものじゃない、多くの意見が飛び交いましたが、伝えたい情熱はみな同じです。

まさに推しに幸せにしてもらっていることへの恩返しを、いったん区切りとして伝えたい。推しを送り出す前に、それを何かの

形で伝えられる方法を探れないだろうか。とあるペンダムはそう
考えて、次のようなものを企画したそうです。

「私の推しは兵役に行くことが決まった後に、３公演のコンサー
トを日本で開きました。初日に推しが、日本の歌手の曲『ひまわ
りの約束』を日本語で歌ったんです。そこでペンたちは模索しま
した。『翌日はみんなでひまわりの花をかざそう』とSNSでファン
同士の呼びかけが始まり、コンサートでのサプライズ演出の計画
が進んでいきます。会場中はひまわり畑のような空間になり、推し
は泣きながら歌ってくれました。その日に掲げたひまわりはその
後、しばらく思い出として飾られました」

　他にもメンバーの送り出しで、感動したものがあるのだと。こ
んなケースです。

「私の推しは音楽系の番組収録中に、兵役に行くことを告白しま
した。彼がソロで歌っていたところ、サプライズで残りのメンバー
がステージに登場しました。マンネ（末っ子の最年少メンバー）
たちがヒョン（兵役に就く、お兄さんである年上メンバー）のために、
こっそり準備していたんです。『これが次に会えるまでの、全員
での最後の姿です』と泣きながらみんなで歌い上げたそのシーン
は、感動の嵐。その番組に出演していた他のグループも、泣いて

いました。自分たちもこれから辿る道を想像していたのでしょうか。メンバーの愛あふれる見送りシーンには、見ている誰もがグッときました」

　コンサートやイベントをやらないまま、推しが行ってしまうこともあります。その場合は公式サイトからメッセージを送ることも送り出し行動のひとつですが、ひっそりと行かせてほしいという推しに対しては、何もしないのも愛です。

　そしてひときわ落ち込むのが、入営日です。その日はずっと落ち着かないのですが、見送りのために現場に行くことは決してしません。推しの聖域を守って、見苦しい真似はしないことが大切です。

　入営日には遠くの空へ向かって、いってらっしゃいと笑顔で送り出す。私が口にするのはおこがましいのですが、終わりとは言わず、区切りよければすべてよし。心残りのない送り出しをするのも「待ち活」の一種かもしれません。

「長い空白期に、グループが世間やペンから忘れられたらどうしよう」

　推しがそんな不安を抱えないよう、常に愛をもって、応援の声を見える化していきたい。CDもDVDもグッズもこれまで持っていないものは、きっと買ってしまうと思います。そして戻ってきた時には推しが再び幸せに活動できるよう、居場所はずっと確保しておきますから！

　大丈夫、元気に戻ってきます。

間木まき（まき まき）

ライター歴28年。芸能、美容、フード、政治、
文化などをテーマに、メディアや書籍で活動中。
K-POP、韓国ドラマや映画が大好きな、韓国取材
も行うオトナ女子。

デザイン	AKIKO TNK
本文イラスト	石井あさみ
取材協力	気早部長　たまちょこりん
	みなひょん　まみりんこ
	Mary　miyu　G.K　SCBB

待ち活33／K-POP
推しが兵役から戻るまでにしたいこと

第1刷　2024年3月31日

著者　　間木まき

発行者　小宮英行
発行所　株式会社徳間書店
　　　　〒141-8202 東京都品川区上大崎3-1-1　目黒セントラルスクエア
　　　　電話／編集 03-5403-4379　販売 049-293-5521
　　　　振替／00140-0-44392

印刷・製本　大日本印刷株式会社